Charton Baggio Scheneider

Os Dois Pilares da Felicidade

Trabalhando Sua Fisiologia e Seu Enfoque

I0424828

por

Charton Baggio Scheneider, MBA

Baggio Scheneider, Charton

Os Dois Pilares da Felicidade – trabalhando sua fisiologia e seu enfoque / Charton Baggio Scheneider – Rio Grande do Sul – Edições NeuroTech – 2000, Londrina. PR 2019.

Sumário

Introdução

Os Pilares Gêmeos da Felicidade – trabalhando sua fisiologia e seu enfoque foi escrito para aqueles que procuraram por recursos para elevar suas vidas para o próximo nível de realização e sucesso. Numa época com tantas distrações que competem por nossas atenções, estas pessoas se distinguem claramente das massas que somente estão contentes por sonhar.

Eu tive o privilégio de treinar centenas de pessoas durante os últimos 15 anos de minha vida. E eu posso lhe dizer que não importa qual cidade eu esteja visitando, eu invariavelmente descubro os indivíduos – excluindo o nível pessoal ou cultural delas – que têm uma capacidade fora do comum para estarem contentes e fortes, mesmo quando eles enfrentam qualquer tipo de desafio.

Através de "Os Pilares Gêmeos da Felicidade" você se atualizará através das duas distinções críticas que todos estes indivíduos notáveis dominaram intuitivamente: a sua fisiologia e enfoque. Juntos, estes pilares gêmeos podem transformar imediatamente a frustração, raiva, ou a decepção levando-lhe para a resolução. Aqui você irá encontrar um plano para entrar em ação volumosa e fazer o melhor de qualquer situação.

Assim comece agora mesmo a leitura do primeiro capítulo deste livro e adquira as habilidades para parar de sofrer e ter maior diversão, alegria e paixão em sua vida – e alcance suas metas mais elevadas!

Viva com paixão!

Minhas Mais Sinceras Saudações,

Charton Baggio Scheneider

Parte I

Fisiologia: o
PRIMEIRO PILAR DA FELICIDADE

O que Todo o Mundo Quer e Como Você Pode Adquirir Isto!

Aqui você vai encontrar as respostas para questões de "como", "o que" e "por que" – todos nós queremos? Como desenvolver paixão em sua vida? Como administrar suas emoções? Como usar o poder da fisiologia?

Você gostaria de saber como adquirir o que você realmente quer de sua vida em uma base mais consistente? Sentir-se grande em qualquer dia, qualquer hora, num piscar de olhos? O que você poderia fazer com a habilidade para mudar frustração, a raiva, ou a decepção em resolução e num plano para entrar em ação volumosa e fazer o melhor de qualquer situação? Agora, você aprenderá que o que todas as pessoas querem realmente em suas vidas é mudar uma de duas coisas: ou o modo como se sentem sobre algo, por exemplo: mudar de frustrado para confiante, de triste para feliz, de deprimido para emocionalmente saudável; ou, elas querem mudar um comportamento, por exemplo: deixar de fumar ou beber, começar a entrar em ação, exercitar e desfrutar isto, levar a cabo seus compromissos.

Mas, a única razão para querermos mudar nossos comportamentos, é que nós estamos esperando que se perdermos aquele peso, deixarmos de procrastinar, entrarmos em ação, nós nos *sentiremos* bem. **Tudo o que os seres humanos fazem, para "mudar seu estado", é somente uma tentativa para mudar o modo como eles se sentem.**

O Estado - Criador de Todo Comportamento Humano

Seu Estado (mental e físico) determina seu comportamento. O estado, particularmente o emocional, governa sua mente e seu corpo em qualquer momento conduzindo-o a um

um comportamento correspondente. Se você está em um estado bravo, você se comportará diferentemente que se você estivesse em um estado ansioso.

Há dois fatores principais que determinarão seu estado – quer dizer, como você se sente, e assim como você se comportará. Momento a momento, o que nós fazemos é moldado poderosamente pelo estado no qual nós estamos.

Quando nós estamos num estado de frustração, nós tenderemos a se comportar muito diferentemente do que quando nós estamos nos sentindo confiante, excitado ou determinado. Uma das coisas mais importantes que nós podemos fazer para criar o poder, alegria e paixão; é realmente querermos em nossas vidas, aprender a administrar nossos estados mentais.

Dois elementos, a fisiologia e o enfoque, controlam como você se sente em qualquer momento. E, a maioria das coisas importantes, você aprenderá como você pode mudar estes dois elementos imediatamente para se sentir feliz, jovial, apaixonado – ou tudo o que você quiser sentir!

Há dois modos básicos para você mudar seu estado emocional imediatamente. Os conheça, e você saberá o poder do pensamento positivo. **A habilidade para alcançar suas metas tem muito a ver com ter o controle de seus sentimentos. Se você tem uma perspectiva positiva, você seguramente terá sucesso. Existem duas maneiras fundamentais para passar por cima da negatividade.** Você pode fazer isto imediatamente através de dois veículos primários; o primeiro é pela fisiologia[1]. Esta primeira parte deste livro tem o objetivo de lhe mostrar e de lhe instruir que...

1.) Você pode mudar a maneira como se sente imediatamente mudando o modo como você se movimenta, respira, usa suas expressões faciais, ou faz qualquer movimento novo m seu corpo. Por exemplo, para mudar o enfoque emocional imediatamente use o seu corpo em vez de sua mente. Toda emoção possui uma fisiologia específica presa a ela. Assim dê um sorriso em frente ao espelho do banheiro durante um minuto, ou se force a adotar uma postura melhor — mais ereta e confiante – sentindo-se para cima, por exemplo. Isso afetará diretamente seu humor, e o colocará na melhor posição para alcançar suas metas.

2.) O estado em que você está determina seu comportamento e também seu desempenho. Se você quer mudar seu desempenho em qualquer coisa – negócio, esporte, relações, etc. – a pri-

---

[1] O segundo passo "o Foco", é o assunto da segunda parte deste livro.

meira coisa para isto é mudar seu estado. Em qualquer situação, se você se puser num estado elevado, você poderá utilizar mais de suas verdadeiras capacidades.

3.) Lembre-se, **você sempre é responsável pelo seu estado**. Nos próximos dias de aprendizagem, você não buscará um responsável; você saberá virtualmente como mudar rápida e facilmente como você se sente sobre qualquer coisa que se passa em sua vontade sobre seu desempenho máximo.

As pessoas quando perguntadas, sobre o que elas realmente querem, elas dizem freqüentemente as coisas que elas gostam, "Uma relação melhor", "Meu próprio negócio", ou "Mais dinheiro".

Nosso estado é igual ao estado da mente ou do corpo que nós temos num determinado tempo em qualquer momento; ou seja, como nós nos sentimos. Se isso é verdade, então por que tantas pessoas são ainda tão infelizes? Por mais incrível que possa parecer, é porque nós realmente não queremos essas coisas! O que as pessoas querem são os sentimentos que elas pensam que essas mudanças lhes dariam. Em outras palavras as pessoas querem mudar como elas se sentem, ou o que eu chamo de nosso estado.

Aprendendo a Controlar o Seu Estado

O que as pessoas podem fazer é absolutamente incrível. O que elas fazem normalmente está lhes desapontando. E a diferença não é a capacidade delas, mas em grande parte, o estado no qual elas se voltam agora mesmo. Há Dois Modos Primários para Controlar Seu Estado – **a estes chamamos de** "Os Dois Pilares da Felicidade":

1º) **Controlar o modo como você usa seu corpo**, ou o que chamamos de sua fisiologia.

2º) **Controlar o seu enfoque mental**; quer dizer, aquilo ao qual você presta atenção, pensa a respeito, imagina, e diz para você mesmo.

O Poder da Fisiologia

Primeiramente vamos estudar como usar a sua fisiologia para mudar seu estado. Qualquer mudança em seu corpo físico faz uma mudança imediata, radical do modo como você se sente. Como você se move, usa seus músculos faciais, gesticula, caminha, fala, e até mesmo respira, tudo isso determina como você sente em qualquer momento.

Como diz o Dr. Deepak Chopra, *"Cada função do corpo tem uma posição básica à qual quer retornar, exatamente como o termostato tem seu ponto físico estável... Um dos motivos principais da fisiologia humana ser tão complexa é a existência de centenas de termostatos instalados em nossos corpos. Cada um obedece a um conjunto de leis próprias."* Quando a maioria das pessoas não gosta do modo como que elas se sentem, elas tentam mudar o seu estado consumindo alimentos, álcool, drogas, ou cigarros, ou dormindo ou respirando diferentemente. Estas coisas definitivamente causarão um estado de mudança – mas não necessariamente para o melhor.

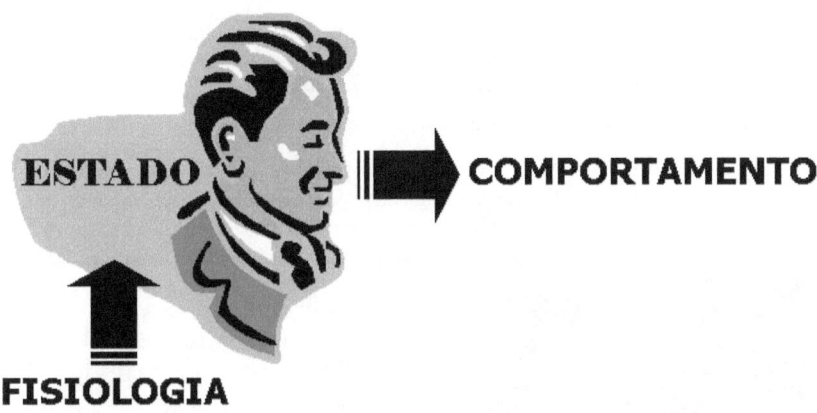

O truque é se encarregar de sua fisiologia e usa-la para criar os sentimentos você quer. Lembre-se disto: **a emoção é criada através de movimento!** A maneira como você usa seu corpo: sua respiração, sua postura, seus músculos faciais, etc. Um corpo que está sob tensão, enrijece-se, ou fica dolorido o que causará um estado diferente do que de um corpo relaxado. Considerando que estas duas fisiologias criam duas diferentes **declarações,** resultará disto dois comportamentos diferentes.

De acordo com um relatório de 1999 elaborado pela Fundação de Mayo para Educação Médica e Pesquisa, "*Mais de 17 milhões de americanos têm depressão*". Se você alguma vez assistiu um de meus seminários, você me ouviu dizer qualquer outra coisa como: ***A maioria das pessoas não tem depressão, eles fazem sua depressão!***

Para a maioria de nós, como nós nos sentimos é o resultado de como nós estamos dirigindo nossa própria mente e nosso corpo em qualquer momento. Em outras palavras, nós criamos as emoções que nós sentimos fazendo algo específico com nossos corpos e mentes. Não importa o que lhe aconteceu em sua vida, você pode controlar seu estado.

Responda a estas duas perguntas:

1.) Se você estivesse esperando seu marido/esposa, criança, ou "outra pessoa significativa" às 7:00 **da tarde**, e ele/ela não chega-se antes das 10:00 **da noite** e não o/a avisa-se, como você se comportaria – quer dizer, como você falaria com ele/ela quando chega-se?

2.) Feche seus olhos e imagine o que seu comportamento faria se você estivesse em um estado diferente – bravo, preocupado, suspeito, confiante – e escreva o que você poderia dizer se você estivesse naquele estado.

Uma vez que você entenda e usa esta habilidade, você pode "levar chumbo" e ainda assim pode se divertir, ter alegria, e mais paixão do que você sempre sonhou. Mas olhe à escolha oposta. Qual é o preço por não administrar seu estado? Considere esta pergunta: O que têm John Belushi, Elvis Presley, Jimi Hendrix, Janis Joplin, Marilyn Monroe, e Elis Regina em comum? Por seus padrões, eles tiveram toda razão para serem felizes – eles ganharam muito dinheiro, as pessoas ajudadas por eles se sentiam bem, e tiveram – eu disse "tiveram" carreiras prósperas. Mas, eles se destruíram literalmente porque cada deles não aprendeu uma das mais importantes lições da vida: como se fazer para se sentir bem a longo prazo. E, o segredo para fazer isto está em aprender a administrar seu estado.

Se eu lhe pedisse que descrevesse uma pessoa totalmente deprimida, eu aposto que você poderia fazer isto facilmente. Tentemos! Imagine aquela pessoa que está ao seu lado. O que você vê? Você descreveu uma pessoa com a cabeça abaixa, ombros caídos, olhos abatidos, respiração superficial, e uma expressão facial triste?

Por quê? Porque para sentirmos qualquer emoção, nós temos que usar nossos corpos de certos modos específicos.

Os Quatro Modos Para Criar Emoções

Você tem que usar este conhecimento para criar as emoções que você deseja ter, e há quatro modos primários de se fazer isso: pelo movimento físico, pela respiração, pelas expressões faciais e pela dieta.

#1- Movimento Físico

A maneira número um para mudar o modo como você se sente é mudar o modo como você se move. Lembre-se, a emoção é criada através de movimento. **Tente Isto:**

1. Sinta a maneira como você faz para caminhar normalmente. Ande em círculo ou de um lado para outro na frente de seu computador. Observe como você se sente.

2. Agora, mude seu estado. Imagine estar se sentindo forte e cheio de energia. Neste estado, caminhe em volta, mova seu corpo, e gesticule.

3. Agora volte para seu velho modo de andar.

4. Finalmente, se reponha de fato, no estado confiante – intensifique e faça-o até mais forte.

Você sente a diferença entre estes dois estados?

Movimento é o modo mais poderoso para mudar seu estado.

#2 – A Respiração

Outro modo rápido para mudar seu estado está em mudar a sua respiração. Algumas pessoas fazem isto negativamente, modos insalubres, como fumar ou comer demais. Os fumantes freqüentemente se sentem menos capazes de fazerem inalações e exalações profundas. E as pessoas que comem demais mudam os seus padrões de vida – como elas estão comendo e por sua vez o que elas engolem está cheio de comida.

De um modo mais positivo, quase toda prática de ioga que eu estudei ensinam padrões de vida como um modo de mudar nossas emoções e crescer espiritualmente. Assim tente respirar com um padrão diferente – mais rápido, mais lento, mais superficial, descubra qual delas trabalham melhor para você criar as mudanças que você quer.

Em seu livro Corpo Sem Idade, Mente Sem Fronteira, o Dr. Deepak Chopra apresenta um estudo fascinante sobre o poder da respiração sobre as nossas emoções, e de como esta domina por completo a estabilidade de uma pessoa.

Veja o quadro o quadro abaixo:

PADRÃO DE RESPIRAÇÃO	POSTURA	SENSAÇÃO CORPORAL	EMOÇÃO
Espasmódica, suspirante e superficial, como quando se soluça.	A postura passa a impressão de desconforto. Fechada, contraída, recurvada de um modo ou de outro. Pescoço e costas tensos.	Sensação de vazio, especialmente na boca do estômago. Corpo apático, lânguido e fraco.	AFLIÇÃO, PERDA MÁGOA
Rápida, superficial, desigual e irregular.		Músculos enrijecidos; coração disparado; boca seca; suor anormal; cabeça latejante.	MEDO E ANSIEDADE
Inspiração superficial; expiração forte e ofegante.		Corpo tenso; sensação de pressão, especialmente na área do peito; as mãos podem ficar cerradas; alargamento das narinas.	RAIVA
Respiração confinada; sensação de sufocamento; incapacidade de aprender integralmente o sopro de vida.		Sensação de estar sendo esmagado por um enorme peso; sensação de estar sendo empurrado para baixo.	CULPA
Profunda, regular, espontânea, c o n f o r t á v e l, suave, fácil.	A postura passa a impressão de bem-estar; relaxada; ombros abertos, costas eretas e confortáveis; pescoço flutuando confortavelmente sobre a espinha.	Abertura da postura; músculos relaxados; calor no corpo, em especial no coração; palmas abertas; sensação de energia no corpo.	ALEGRIA, AMOR, COMPAIXÃO

#3 – Expressões Faciais

O terceiro modo para mudar seu estado está em mudar as suas expressões faciais. Em um estudo com pacientes maníaco-depressivos na Universidade da Califórnia, São Francisco, os investigadores pediram para que seus pacientes fizessem regularmente nada mais do que mudar as suas expressões faciais e sorrirem. Nenhum participante pôde sentir-se deprimido enquanto estavam sorrindo. Alguns igualmente começaram a se administrar praticando o sorriso durante 20 minutos. Desenvolvendo simplesmente um novo hábito, eles começaram a se sentir em pouco tempo muito bem.

> **Começa a Sua Face:**
>
> Você tem 80 músculos distintos em sua face. Para a maioria das pessoas, é esta a área menos utilizada e exercitada!

"As rugas só deveriam indicar a existência de sorrisos."

– MARK TWAIN

Expressões faciais habituais como a de fazer caretas ou de frustração podem criar emoções negativas em seu corpo. Se você tem estes hábitos, é tempo para desenvolver novos modos para usar a sua face e controlar o seu estado! Como diz o Dr. Deepak Chopra, *"As linhas do seu rosto traçam velhas e familiares emoções, e o mapa da ansiedade, raiva, frustração, realização, felicidade e alegria vai ficando mais profundamente gravado na sua pele a cada ano que passa."* Pesquisas médicas comprovaram que o riso aumenta a secreção de endorfina, o que aumenta a oxigenação do sangue, relaxa as artérias, acelera o coração, diminui a pressão – com efeito positivo nas doenças cardio-respiratórias, e melhorando as respostas do sistema imunológico.

#4 - Dieta

O quarto modo para mudar sua fisiologia é assistir o que você come*! O que você pôs continuamente em seu corpo afeta como você sente emocionalmente. Mudanças em sua dosagem de açúcar no sangue, por exemplo, faz uma diferença radical em como você se sente emocionalmente. Se você não está prestando atenção ao que você está comendo, você vai pagar um preço emocional por isso.

Quase todo o mundo, de crianças hiperativas a pessoas que estão tendo pressão alta ou baixa em suas vidas, poderia beneficiar-se por começarem a fazer uma dieta básica saudável. Fazendo apenas algumas simples mudanças pode lhe ajudar a desfrutar uma vida emocional mais equilibrada. Pesquisas realizadas pelo MIT (Instituto de Tecnologia de Massachusetts), Estados Unidos, descobriu que a química básica do nosso cérebro é tão variável que pode ser modificada através de uma simples refeição.

Por exemplo, o leite, o frango, bananas e verduras estão entre os alimentos que promovem a química da "felicidade", pois estes estimulam a dopamina e outras duas substâncias "positivas" do cérebro. Já, os alimentos doces e gordurosos estimulam a acetilcolina, uma substância química extremamente "negativa", e por isto estes são considerados alimentos da "tristeza".

Aqui está um resumo de como usar sua fisiologia para administrar seu estado.

1. Mova seu corpo diferentemente, e desenvolva alguns "movimentos" de poder: deliberativos, movimentos fortes, sem hesitação que lhe dão uma sensação imediata de certeza. Você também pode usar sua voz para se pôr num estado elevado. Fale mais firme, mais rapidamente, com um pouco mais

---

* Este assunto (alimentação) e a respiração, você verá com maiores detalhes em meu livro chamara "Desperte Seu Gigante Interior".

de volume no fundo de seu tórax do que você normalmente o faz.

2. Mudando sua respiração pode-se mudar imediatamente seu estado. Respirações profundas, diafragmáticas, criam estados emocionais radicalmente diferentes do que as respirações superficiais que começam na parte superior do tórax.

3. Mudanças radicais nas expressões faciais mudarão o modo que você se sente, imediatamente.

4. Variar os elementos de sua dieta podem maximizar sua saúde e energia.

Isto tudo reunido pode fazer mudanças significativas nos padrões dos estados emocionais que você experimenta em seu dia-a-dia. Todo estado tem uma fisiologia particular. Para a maioria das pessoas, um estado deprimido, por exemplo, incluiria deixar cair os ombros, olhos abatidos, respiração rasa, murchar os músculos faciais – como já foi descrito anteriormente.

"Experiência não é o que acontece com você;
mas o que você fez com o que lhe aconteceu."
– ALDOUS HUXLEY

Se você fizer apenas uma mudança fisiológica – mudando sua postura, por exemplo – você **mudará seu estado**. Uma pessoa em um estado deprimido que faz uma mudança **fisiológica** já não estará deprimida. Tire um momento agora mesmo para pôr em prática o que você aprendeu até aqui, neste capítulo. Complete o seguinte exercício para ter um modo realmente simples e divertido para experimentar um pouco como pode ser mudar poderosamente o seu estado. Aqui está como desenvolver a habilidade para se colocar imediatamente num estado apaixonado.

1. Convide um amigo para participar de uma "experiência". Sentem-se juntos, e peça a ele que observe o que você faz com sua fisiologia – sua face, expressões, corpo, gestos, pos-

tura, etc. – ao longo da experiência. Você pode falar a outra pessoa ou apenas falar alto para você.

2. De um modo imparcial, fale como se você realmente não se acredita nisto ou como se não sentisse isto, fale sobre algo que normalmente o inspira. Comece a falar sobre um assunto ao qual é para você apaixonante e exagere o modo imparcial, como se você realmente não acredita nisto, você não se sentirá fortemente atraído sobre isto. Escolha algo que normalmente o inspira, mas converse sobre isto, e advirta seu parceiro para observar o que você faz com sua face, sua voz, seu corpo, e seus gestos.

3. Agora mude radicalmente o seu estado – levante-se, se necessário, e mova-se em volta por um momento – e se ponha absolutamente apaixonado e sinta-se mais excitado e energizado do que nunca antes. Neste novo estado, descreva o mesmo assunto – fale a seu parceiro com toda a paixão, alegria, energia, e convicção que você puder reunir.

4. Peça a seu parceiro que compartilhe e analise com você algumas das diferenças específicas em como você se moveu, respirou, usou sua face, usou sua voz, enrijeceu ou relaxou seus músculos, ou usou as suas expressões faciais, e tire um tempo para registrar isto tudo em seu diário. O que você faz quando você está apaixonado e energizado? Quais são as diferenças de seu estado imparcial? Estes são os seus "*biomakers*", os "gatilhos" que podem faze-lo sentir-se apaixonado no futuro.

5. Experimente hoje: em algum momento quando você estiver tranqüilo ou sentindo-se negativo, rompa o estado imediatamente com o estado apaixonado o qual você aprendeu no Passo 4.

Duplicando a fisiologia de outra pessoa, você terá acesso ao mesmo (ou bem parecido) estado que produzirá comportamentos que são os mesmo ou semelhante. Mudando sua fisiologia, você mudará também suas representações internas [*veja na parte II*] –

quer dizer, você representará o seu mundo de maneira diferente. Se você está em uma fisiologia "energizada e excitada", você verá o mundo a sua volta diferentemente e você falará diferentemente a você mesmo sobre isto; do que se você estivesse em uma fisiologia de "chateação e de cansaço".

Mudando sua fisiologia muda seu estado que muda suas representações internas. Reciprocamente, se você muda o modo que você olha o mundo (representação interna), você também notará uma mudança em sua fisiologia. Há um entrelaçamento cibernético entre estas três funções em seu cérebro e seu corpo. Uma mudança em quaisquer dos três mudará os outros dois, e aquela mudança produzirá uma mudança em seu comportamento.

Agora que você sentiu o poder da fisiologia, no próximo capítulo você verá como mudar o seu enfoque pode mudar imediatamente como você se sente!

Parte II

O PODER DO FOCO: O SEGUNDO PILAR DA FELICIDADE

Mude Seu Enfoque para Mudar Como Você Sente!

Esta Segunda parte deste livro é uma continuação do tema anterior o qual decidi cria-la separadamente pelo seu valor e importância. Aqui, você irá descobrir como seu "foco" (o segundo pilar da felicidade) determina o que você adquire; como o que você representa em sua mente controla seu estado e como usar o poder das perguntas com qualidade para adquirir o que você realmente deseja.

Agora que você entende o poder de sua fisiologia, olhemos a segunda maneira para administrar seus estados, além de se usar sua fisiologia, é controlar e dirigir o foco de sua mente. Por exemplo, pense em uma recordação positiva de sua vida, e focalize-se nela. Este simples processo deveria lhe fazer se sentir grande! Parece simples demais, não é? Mas fazendo esta coisa simples o permitirá mudar seu estado emocional que é o que você precisa fazer para alcançar suas metas em face da adversidade imediatamente.

Em seu livro, Corpo Sem Idade, Mente Sem Fronteiras, o Dr. Deepak Chopra diz que, *"somos as únicas criaturas na face da terra capazes de mudar nossa biologia pelo que pensamos e sentimos... E... nossos estado mentais*[o que focamos] *influenciam aquilo de que temos consciência... Nossas células estão constantemente bisbilhotando nossos pensamentos e sendo modificadas por eles. Um surto de depressão pode arrasar com o sistema imunológico; apaixonar-se, ao contrário, pode fortificá-lo tremendamente. O desespero e a desesperança aumentam o risco dos ataques de coração e do câncer, encurtando a vida. A alegria e a realização nos mantêm saudáveis e prolonga a vida... A recordação de uma situação de estresse, que não passa de um fio de pensamento, libera o mesmo fluxo de hormônios destrutivos que o estresse propriamente dito."*

As Nossas Representações Internas

O como você representa em seu cérebro o que acontece em sua vida? Nós representamos o que acontece conosco de duas maneiras:

1. *o que* e *como* nós **imaginamos** o que acontece em nossa vida, e;

2. *o que* nós **falamos** a nós mesmos sobre o que acontece conosco e *como* nós **dizemos** isto. Se nós falamos a nós mesmos em um tom de voz amoroso, nós estaremos em um estado diferente que se nós falássemos a nós mesmos com uma voz brava. Uma vez mais, os dois **estados diferentes** se tornarão em dois **comportamentos diferentes**.

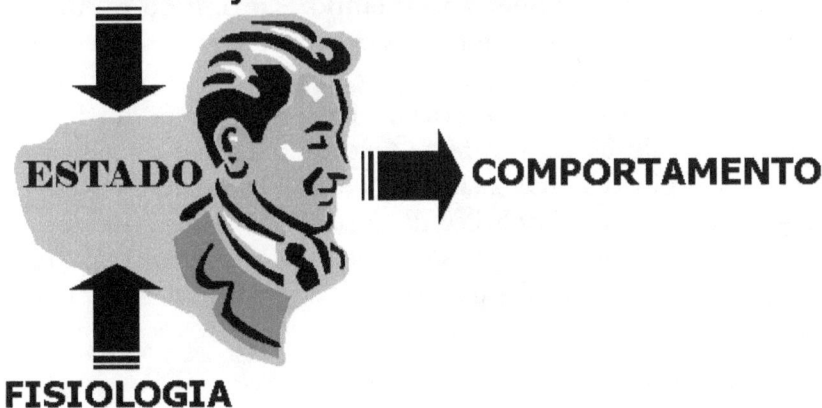

Responda estas perguntas:

Se você fosse fechar seus olhos **agora** e imaginar um dia ensolarado na praia, como esta imagem lhe faria sentir (seu estado)?

Agora, feche seus olhos e imagine a mesma praia, mas veja um tempo chuvoso e com raios e trovoadas. Como esta imagem lhe faria sentir (estado)?

Agora, feche seus olhos e faça uma imagem de um dia ensolarado na praia e ouça o som de um trovão e sinta um vento frio soprando. Em que estado você estaria?

Se nós temos o controle do modo como nós representamos – literalmente "re" - "presente" para nosso cérebro os vários incentivos em nosso ambiente que dispomos através de nossas sensações: a imagem que nós fazemos sobre nosso mundo e o que nós escutamos e dizemos a nós mesmos – nós podemos mudar nossa experiência de vida dramaticamente com: o modo como nós nos sentimos e o modo que nós nos comportamos.

Há um tremendo poder controlando e dirigindo o enfoque de sua mente. Por exemplo, você sempre tem enxaqueca? Talvez até mesmo uma volumosa que lhe cause dor profunda? Você alguma vez teve uma experiência onde alguém lhe fez uma pergunta ou precisou que algo fosse feito ou que exigiu o seu enfoque total e – bingo! – imediatamente a dor da enxaqueca desapareceu –, de fato, você se esqueceu desta parte? Se já lhe aconteceu isto pelo menos alguma vez em seu vida – e você provavelmente teve – isto é porque você fez uma coisa: *Você mudou o seu enfoque!*

Em *"A Natureza da Mente – As Raízes Biológicas do Pensamento, Emoções, Sexualidade, Idioma, e Inteligência"*, Michael S. Gazzaniga – co-descobridor do "fenômeno do cérebro cindido" – relata que *"para o selecionista, a verdade absoluta é que tudo o que nós fazemos na vida são descobertas do que já foi construído em nossa mente"*. Ele acredita que os modos nos quais nós tentamos resolver os problemas sociais e pelos quais interagimos com nosso ambiente é sentenciado a falhar *"porque eles ignoram o quadro geral de quem somos nós e de como nós traba-lhamos."*

Da mesma maneira que seu uso da fisiologia afeta como você se sente, o que seu corpo experiência vêm daquilo ao qual você presta sua atenção. Aquilo que você enfoca determina como você se sente, e que normalmente determina como você se comporta. Por exemplo, quando nós estamos nos sentindo para baixo, nós normalmente não fazemos muito bem aquilo que nós estamos tentando fazer. Há exceções a toda regra, mas essas exceções acontecem quando nós controlamos nosso enfoque; quando nós enfocamos em o que deve ser feito em vez de como nós nos sentimos para baixo.

Há muitos anos que se estuda o que as pessoas prósperas fazem; como elas fazem o que elas fazem. Uma das coisas que se estudou foi como algumas pessoas podem livrar-se rapidamente de uma enxaqueca. O que se descobriu foi que as pessoas que podem fazer isto constantemente, o fazem mudando seu enfoque mental, ou o que elas estão prestando atenção. Em vez de pensar nas suas enxaquecas, elas enfocam em outras coisas sobre as que eles sentem bem.

Nos vedas, podemos ler, **"O que você vê você se torna."** Ou seja, a simples experiência pela qual você percebe o mudo é que o faz ser o que você é. Isto *"é uma verdade..."* diz o Dr. Chopra *"...que molda toda a fisiologia, inclusive a do cérebro."*

Duas Maneiras para Controlar Seu Foco Mental

O modo como você se sente e o que você experimenta em seu corpo vem do que você focaliza sua atenção durante um determinado momento. Para administrar seus estados, há duas coisas com respeito ao foco que você pode fazer para controla-lo. Quando você muda qualquer um destes, você imediatamente muda como você se sente. Nós podemos mudar...

1ª) ***O que*** você está visualizando (enfocando) em sua mente – o que vê, diz a si mesmos, e presta atenção em seu corpo.

2ª) ***Como*** você está criando isto, (ex.: dimensão, brilho das imagens mentais e das cores, o volume de nossos sons, etc.)

Mudando o que nós enfocamos e como nós prestamos atenção nas coisas, mudaremos radicalmente o nosso estado. Em "Um Curso em Milagres" da *Foundation For Inner Peace* salienta que, "*A mente é muito poderosa e nunca perde a sua força criativa. Ela nunca dorme. A cada instante está criando. É duro reconhecer que o pensamento e a crença se combinam em uma onda de poder que pode literalmente mover montanhas. À primeira vista parece que acreditar em tal poder acerca de ti mesmo é arrogância, mas não é essa a razão pela qual não acreditas nisso. Preferes acreditar que os teus pensamentos não podem exercer influência real porque, de fato, tens medo deles. Isso pode diminuir a tua consciência em relação à culpa, mas a custo de perceberes a mente como impotente. Se acreditas que o que pensas não tem efeito, podes deixar de ter medo do que pensas, mas dificilmente estás propenso a respeitar teu pensamento. Não* existem *pensamentos vãos. Todo pensamento produz forma em algum nível.*

Mudando os Aborrecimentos: A Técnica do Passeio

Este processo tem o propósito de mudar como você se sente sobre algo que o aborreceu. Por favor, leia o exercício por inteiro antes de fazê-lo.

1. Pense em uma experiência que envolve outra pessoa que realmente o aborreceu no passado.

2. Feche seus olhos e veja aquela pessoa no estado que ela estava. Agora, imagine que ela foi amarrada. Vá para ela e tire um grande marcador mágico vermelho e pinte o nariz dela de vermelho. Dê a ela um cavanhaque preto. Agora, imagine-a com uma peruca vermelha.

3. Faça um filme desta experiência – vá para o final do filme, e então, corra o filme inteiro **para trás** e veja a pessoa completa com um nariz vermelho, cavanhaque e peruca, faça com que o som da voz da pessoa fique ridículo, e talvez ouça o "P...A...T...O... D...O...N...A...L...D" no fundo.

O resultado deste exercício serve para demonstrar a você o quão depressa você pode **mudar *agora* o modo como você representa** uma experiência previamente desagradável de forma que **quando você pensa nela agora**, lhe faz rir ou sorri, ou ficar maravilhado por que o aborreceu no primeiro instante. Lembre-se: é através de suas representações internas que você cria qualquer emoção (estados) que você experimenta.

Que nomes tolos você poderia dar a três pessoas que você teve desavenças no passado? Depois que você escrever esses nomes nas páginas abaixo, faça uma imagem de como essas pessoas lhe olhariam se você pensar imediatamente nos nomes que você há pouco as deu quando você as vir da próxima vez.

Processos de Associação & Dissociação

Há uma diferença no modo como você se sente (estado) sobre *se ver* em um carro de Montanha Russa (desassociado) e estando sentado no assento dianteiro, completamente associado. Quando você está completamente associado, você pode sentir a experiência em seu corpo, pode ver e pode ouvir no presente o que você sentia, pode ver e pode ouvir quando você estava vivendo aquela experiência no passado. Mais importante ainda, você re-experimenta as emoções (estados) que você sentia então.

Desde que você re-experimenta as mesmas emoções quando você está completamente associado, você quer ter certeza que você escolhe o que você associa em sua vida cuidadosamente. Se você associa recordações que são desagradáveis, você gastará uma parte proporcional de sua vida estando infeliz, considerando que se você desassociar-se de recordações desagradáveis **sairá da imagem desagradável** – e associar-se a suas recordações felizes – **passara a ter recordações felizes** – você poderá literalmente ter felicidade em vez do desagrado de suas experiências cerebrais. *Você estará vendo o copo de sua vida como meio cheio em vez de meio vazio.* Experimente realizar o seguinte exercício. Seu propósito é ensina-lo a mudar como você se sente associando e dissociadamente. Por favor, novamente lhe recomendo que leia do princípio ao fim este exercício antes de faze-lo.

1. Lembre-se de uma experiência desagradável, faça um filme dela, e assista ao filme desta experiência em uma tela de um cinema. Observe seu nível de desconforto.

2. **Passe para o filme** – veja, ouça, sinta a emoção em seu corpo e sinta o que você sentiu e veja através de seus próprios olhos. Assim que você começar a sentir-se incômodo, vá para o passo nº 3 rapidamente.

3. **Saia do filme**, e veja este em uma tela de cinema de uma certa distância. Observe como seu desconforto diminui quando você está **desassociado** da experiência.

4. Para **desassociar-se** no futuro, veja-se sentado em um cinema e assista ao filme desta experiência na tela. Isso é chamado de **dupla-dissociação**. o qual você pode usar para trabalhar com fobias (veremos mais adiante).

5. Pense em uma experiência externamente feliz ou excitante que você teve, veja um filme desta em sua mente, então **entre no filme**, e veja todas as coisas e as pessoas que lá estavam, o modo como elas estavam e ouça o que você ouviu e o que você disse a você e sinta em seu corpo estes sentimentos excitantes – física e emocionalmente. Intensifique esta experiência notando mais detalhe até mesmo sobre este filme – os olhares nas faces das outras pessoas, as cores, os sons do ambiente, as sensações específicas do corpo que você sentiu. Sinta tudo deste momento como se estivesse acontecendo agora pela primeira vez, e não **se divirta muito agora!**

Observe particularmente como este processo lhe permite trazer recordações maravilhosas para a sua vida – **trazer recordações excitantes literalmente para o presente, o enviam ao vivenciado no passado. O que** você **fará agora** para **associar-se** completamente com o que você gosta nas pessoas que o cercam e **desassociar-se** do **comportamento** que elas possuem e que o irrita?

Apaixonar-se é fácil: basta apenas associar-se a tudo o que você puder pensar positivamente gostar e amar em outro ser humano, e desassocie-se de qualquer coisa que o poderia aborrecer. Em cada estágio de uma relação amorosa, é exatamente isso o que nós fazemos. Automaticamente nós vamos pouco a pouco "encobrindo" por amor; isto significa que nós desassociamos os comportamentos que nós não queremos ver até que nós apagamos aquele comportamento completamente de nossa percepção (representação interna).

Reciprocamente, quando nós deixamos de amar, nós estamos nos **associando** ao que nós não gostamos sobre uma pessoa e apagando aquilo que nós gostávamos sobre elas – como recordações maravilhosas – até que nós nos perguntamos finalmente: "Eu gostaria de saber o que eu realmente vi naquela pessoa?" Não há mais qualquer necessidade de você ficar experimentando qualquer tipo de dor ou pesar. Aprenda a **dissociar-se** de debilitações dolorosas.

Você percebe o quão poderosa pode ser para você a aprendizagem de como associar e dissociar?

Agora, você irá aprender como transformar suas relações em alegria, utilizando-se deste conhecimento sobre a associação e a dissociação.

1. Numa relação amorosa atual – amigo/amiga, namoro, marido/esposa, pai/mãe, filho/filha – lembre-se de quando você teve seu primeiro encontro, ou lembre-se de um evento muito especial em sua relação com esta pessoa. **Associe-se** completamente àquela memória, **entre no filme** daquela experiência, e experimente tudo o que você viu, ouviu e sentiu em seu corpo e emocionalmente.

2. Escreva algumas características desta pessoa que você pode ter esquecido e que pode ter concedido. Escreva os aspectos mais importantes desta memória e o modo como esses aspectos podem lhe ajudar a amar agora ainda mais esta pessoa.

3. Se esta pessoa está em sua casa, pare de ler este livro **agora**, encontre-a e conte-lhe e/ou dê-lhe mostra e/ou o/a toque de tal maneira que aquela pessoa experimente como você se sente agora – completamente **associado** àquela memória.

4. Escolha mais três pessoas pelo menos em sua vida e repita este exercício. Observe o quanto sua avaliação e afeição para com estas pessoas aumentou.

Associação e **Dissociação** são somente maneiras para afetar suas representações internas. Se você está associado, você vê imagens e fala a você como se um evento passado estivesse acontecendo agora mesmo a você. Se você está dissociado, você estará vendo imagens de coisas e as pessoas longe de você, e você está fora do filme, ouvindo a experiência de longe.

Trabalhando as Submodalidades

Como Se Motivar Mudando Suas Representações Internas Utilizando-se das Submodalidades

As **Submodalidades** são distinções mais detalhadas sobre o sensorial que você utiliza: visão, audição, tato, olfato e os canais gustativos. Suas representações internas podem ser pensadas como um agrupamento de Submodalidades visuais, auditivas e cinestésicas. Se você fizer uma pequena mudança até mesmo ao nível de submodalidade, sua representação interna de uma experiência será alterada drasticamente, o qual, em contrapartida, o conduzirá a uma mudança em seu estado mental.

Manipulando suas submodalidades você pode alterar facilmente seu estado e, então; seu comportamento. Se refira ao quadro de submodalidades abaixo. Advirto-lhe que mudanças de submodalidades afetam ainda mais seu (estado) de motivação.

Escreva quais são as **submodalidades visuais, auditivas, e cinestésicas** que causaram as mudanças mais dramáticas em seu nível de motivação.

Checklist de Possíveis Submodalidades:

VISUAL

Movimento/imagem paradas	Distância do objeto central para a pessoa Qualidade tridimensional ou bidimensional
Panorâmica ou enquadrada (se enquadrada, o formato do quadro)	Intensidade do colorido (ou P&B)
Colorida ou preto & branco (se colorido, que tipo de cor usou)	Grau de contraste
Brilho	Filme ou moldura (se tiver filme: rápido ou lento)
Tamanho da imagem (tamanho natural, maior ou menor)	Foco (quais as partes, dentro ou fora) – intermitente ou fixo
Tamanho do objeto(s) central(is)	De que ângulo é visto
A pessoa está fora (dissociada) ou dentro (associada) da imagem	Número de imagens (cenas)
Distância da imagem para a pessoa	Localização
	Outra?

AUDÍVEL

Volume	Tonalidade
Cadência (interrupções, agrupamentos)	Timbre (qualidade, de onde ressoa)
Ritmo (regular/irregular)	Singularidade do som (áspero, suave, etc.)
Inflexões (palavras realçadas, como)	Som move-se em volta ou é espacial
Tempo	Localização
Pausas	Outro?

CINESTÉSICA   PARA DOR

CINESTÉSICA	PARA DOR
Temperatura	Formigamento
Textura	Tremor
Vibração	Quente - Frio
Pressão	Tensão muscular
Movimento	Aguda – Fraca
Duração	Pressão
Constante ou Intermitente	Duração
Intensidade	Intermitente (assim como latejar)
Peso	Localização
Densidade	Outra?
Localização	
Outro?	

A maioria das submodalidades que o afetam neste exercício podem o afetar igualmente em outros estados. Por exemplo, se o *tamanho* da imagem tem um impacto forte em seu nível de motivação, pode ser que também seja crítico quando você está lidando com seu estado de atração.

Pense em uma pessoa que você gostaria de atrair *mais*. Use seu agrupamento crítico de submodalidades para intensificar seu sentimento (estado) de atração para com esta pessoa. Escreva qualquer mudança que você experimentar em seu nível de atração.

Agora pense em uma pessoa que você gostaria de ter menos atração e use seu agrupamento crítico de submodalidades para diminuir seu nível de atração para com esta pessoa. Faça suas notações.

Seres Humanos Criaturas Deletadas

A todo instante, você está "deletando" a maioria das coisas que estão ao seu redor. Quer dizer, para sentir-se ruim, você tem que apagar (não focar sobre algo, nem pensar sobre isto) tudo o que for bom em sua vida. E vice-versa. Para sentir-se bem, você tem que apagar as coisas que o fariam você sentir-se ruim sobre elas.

Este processo de apagar é uma parte importante de como a mente mantém o equilíbrio do estado emocional de uma pessoa. Porém, indiretamente pode desestruturar sua experiência do dia-a-dia.

Em um artigo entitulado "O Mágico Número Sete, Mais ou Menos Dois: Algumas Limitações da Nossa Capacidade de Processar Informações" [*The Magical Number Seven, Plus or Minus Two: Some Limits on Our Capacity for Processing Information*], de autoria de George Miller, publicado em 1956, é apresentado de forma engenhosa os nossos limites por causa da deleção. Nele, o autor mostra que *"as habilidades de um indivíduo para fazer distinções absolutas entre estímulos, para distinguir fonemas uns dos outros, para estimar números precisamente e para lembrar um número de itens discretos pareciam todas sofrer uma mudança crucial aproximadamente te no nível de sete itens. Abaixo desse número, os indivíduos tendiam a fracassar."*[2]

Pense Nisto!

Em uma festa, seu cérebro está fixado a uma máquina fotográ-

---

[2] GARDNER, Howard. A Nova Ciência da Mente. EdUSP, São Paulo, SP, 1995.

fica. Como você se sentirá dependerá de seu enfoque. Pode haver muitas atividades, emoções, e conversações por lá, mas sua "máquina fotográfica" não pode experimentar todas elas. Se sua máquina fotográfica enfocasse em duas pessoas que discutem ao longo da festa, você poderia pensar que, "Aquela festa era intensa. As pessoas estavam realmente chateadas umas com as outras."

Por outro lado, se você enfocasse em duas pessoas apaixonadas, você poderia dizer que, "Aquela festa estava realmente movimentada. As pessoas estavam conectadas." Já, se você enfocasse em algumas pessoas que eram enfadonhas, você poderia pensar que, "Ninguém desfrutou aquela festa." Uma máquina fotográfica não pode focar em tudo simultaneamente e nem nossa mente consciente pode guardar tudo. Nós nos tornamos o que chamo de "criaturas deletadas": nós ignoramos a maioria dos acontecimentos que estão em nossa volta, contudo ainda assim, nós acreditamos que nossa experiência do mundo é real.

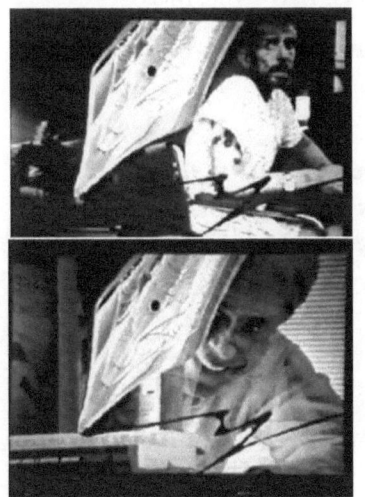

Uma Fórmula Para Ser Miserável:

Na festa de sua vida, você pode achar sempre algo ao sobre o qual estar infeliz. Dê uma olhada, ache as áreas que não estão lhe satisfazendo para com suas expectativas, as intensifique, e focalize-se nelas. Você ficará chateado antes de você saber isto.

Uma Fórmula Para Se Sentir Grande:

Por outro lado, você sempre pode achar alguém tendo um grande momento em qualquer festa e, se você enfoca nas grandes áreas de sua vida, sobre o qual você está contente (ou poderia estar contente) você sempre poderá se fazer sentir-se maravilhoso! Até mesmo uma coisa pequena, você poderia fazer com que ela ficasse maior e mais luminosa, e imediatamente poderia sentir bem sobre ela.

Como Nós Controlamos Nosso Enfoque?

A única coisa mais importante que determina nosso enfoque é como nós avaliamos as coisas.

Neste momento, a maneira como você está avaliando as coisas, é determinado pelo que você está focalizando. Assim, o que é uma avaliação?

> **AS PERGUNTAS QUE VOCÊ SE FAZ DETERMINAM AQUILO O QUAL VOCÊ ENFOCA.**

1. **Avaliações são nada mais do que perguntas que você se faz.** É simplesmente o processo de perguntar e responder perguntas. Pense nisto! Quando você avalia algo, você invariavelmente se faz uma série de perguntas, não é mesmo?

2. **Seu estado** – e em última instância, sua vida – **é o resultado das perguntas que você se faz.**

> *"Na ciência, existem questões ingênuas, questões entediantes, questões apresentadas de modo inadequado. Mas cada questão é um grito para entender o mundo. Não existe pergunta estúpida."*
>
> **– CARL SAGAN**

De fato, há duas coisas que nossos cérebros constantemente estão avaliando.

1ª) O que está acontecendo?

2ª) O que esta situação significa? Dor ou Prazer?

Seu cérebro está fazendo estas duas perguntas em uma base contínua.

O Poder das Perguntas

As perguntas são o laser da consciência humana. Elas concentram nosso enfoque e determinam o que nós sentimos e fazemos.

Pense deste modo ao fazer perguntas: Imagine que o seu cérebro é um computador de última geração, e neste computador existe respostas para quaisquer perguntas que você possivelmente possa ter. Em outras palavras, seu cérebro pode ascender com a resposta para qualquer pergunta que você lhe faça.

Suponha que você constantemente se pergunta, "Por que estas coisas sempre acontecem comigo?" Seu cérebro procurará seu banco de dados e tentará toda forma possível para achar uma resposta para isto – o que alguma pessoa algum dia lhe disse; o que você alguma vez disse a si mesmo; e o que alguma vez você leu, ouviu, ou viu. Então, criará uma resposta para você: "Sempre acontece a você porque você é um babaca! Está certo?"

Para tudo o que você constantemente se pergunta, você adquirirá uma resposta. Se você pergunta, "Como eu tenho tanta sorte?" seu cérebro procurará até que consiga achar referências para apoiar o fato de que você ter sorte. Portanto, **perguntas de qualidade criam uma vida de qualidade.**

As Perguntas Fazem Três Coisas

1°) Elas **mudam imediatamente** o nosso enfoque, e então nosso estado.

2°) Elas mudam **o que nós estamos deletando.**

3°) Elas nos ajudam a **ganhar/ter acesso a recursos** dentro de nós mesmos.

Para administrar seus estados por focalização, você tem que controlar as perguntas que você faz habitual e precisa fazer perguntas que lhe dêem autoridade. Para isto:

1. Elimine as limitações, do fazer *"loopings* infinitos" de perguntas limitantes, tais como: "Por que isto sempre acontece comigo?" "Por que eu sou tão gordo?" "Por que eu nunca posso aprender nada?"

2. Continuamente faça-se perguntas que lhe dêem autoridade, e
   que lhe façam se sentir grande: "Como eu posso ficar mais
   magro agora e ainda assim poder desfrutar do processo?" "O
   que eu posso aprender com isto?" "O que eu poderia fazer
   para ter hoje mais diversão do que nunca tive antes?"

> *"Esta é a essência da ciência: faça uma per-*
> *gunta impertinente e você estará no caminho*
> *de uma resposta pertinente."*
>
> **— Jacob Bronowski**

Os maiores comunicadores e
mestres de todos os tempo foram as
pessoas que mais perguntaram do
que ensinaram. Elas compartilham
informações, mas mais importante,
elas conseguiram que nós usássemos
nossos próprios recursos fazendo
perguntas. Martin Luther King per-
guntou sobre um sonho. John F.

Kennedy disse, "*Não pergunte o que seu país pode fazer para você, pergunte
o que você pode fazer para seu país.*" Ele urgiu o povo americano para
que usassem os seus recursos interiores para contribuir e ampliar a
América.

A Diferença Entre o Sucesso e o Fracasso

Você pode pensar que eu estou lhe dizendo para que você
nunca se sinta desapontado, frustrado ou bravo. Você tem
todo direito para sentir essas emoções ou ainda sentir triste,

com dor, ou transtornado. Todas as emoções têm o seu lugar, na sua proporção formal.

De fato, algumas das minhas maiores frustrações dirigiram alguns de meus maiores sucessos. A dor fez-me perguntar melhor, perguntas de autoridade que me separaram das pessoas que eu tinha me rendido ou cedido ante a dor.

> *"O sábio não é o homem que fornece as verdadeiras respostas; é o que formula as verdadeiras perguntas."*
> — CLAUDE LÉVI-STRAUS

O segredo é não se permitir se viciar constantemente nestas emoções negativas. Você deve sim, é ter o controle de seu estado emocional administrando sua fisiologia e seu enfoque.

Como Resolver Seus Problemas Rápida e Efetivamente

Para resolver problemas efetivamente você tem que fazer o seguinte:

1. Administre seu estado emocional – evite "reprimir". Aprenda a associar muita dor ao estado de ser reprimido; e associe prazer para resolver o problema.

2. Escreva o problema num papel. Nunca gaste mais de 20% do seu tempo definindo o problema (o "porquê") – *80% do tempo deve ser gasto na solução* (no "como").

3. Proponha seu melhor plano para dirigir o desafio e aja tão depressa quanto possível nisto.

4. Observe o que você está obtendo de suas ações atuais.

5. Se o que você está fazendo não está ajudando, mude suas ações. Desenvolva mais flexibilidade perguntando-se, *"O que aconteceria se..."*

6. Ache alguém que desempenha bem este papel, modele-o e adquira as respostas deles/delas.

7. Mude suas crenças sobre o que é problema – os chame de *desafios* – eles são oportunidades para você *crescer*.

Use as cinco perguntas de resolução de problemas para se pôr em um estado positivo e diligente para descobrir soluções efetivas. Usando um problema que você tenha agora o passe pelas cinco questões e escreva suas respostas a elas.

> **"Se um homem não descobriu algo pelo que morrer, ele não está apto a viver."**
> – MARTIN LUTHER KING, JR.

AS PERGUNTAS DE RESOLUÇÃO DE PROBLEMAS

1. O que há de tão grande neste problema?

2. O que ainda não está perfeito?

3. O que eu estou disposto a fazer para que fique do jeito que eu quero?

4. O que eu estou disposto a não fazer para que fique do jeito que eu quero?

5. Como eu posso desfrutar o processo, enquanto faço o que é necessário para que fique do jeito que eu quero?

Crie Este Hábito Para Toda Sua Vida!

Aqui estão algumas perguntas que você poderá querer responder agora mesmo em sua própria mente. Note como eles lhe fazem se sentir.

Perguntas de Poder:

Pelo que sou feliz em minha vida agora?

O que me faz feliz? Como isso me faz sentir?

Pelo que me sinto eufórico em minha vida agora?

O que me torna eufórico? Como isso me faz sentir?

Pelo que me sinto orgulhoso em minha vida agora?

O que me deixa orgulhoso? Como isso me faz sentir?

Pelo que me sinto grato em minha vida agora?

O que me deixa grato? Como isso me faz sentir?

Pelo que mais desfruto em minha vida agora?

O que eu desfruto? Como isso me faz sentir?

Pelo que me empenho em minha vida agora?

O que me faz ter empenho? Como isso me faz sentir?

Quem eu amo? Quem me ama?

O que me faz amar? Como isso me faz sentir?

O que aconteceria se você iniciasse todas as manhãs se perguntando uma série de perguntas de poder? Isso não o poria em um grande estado

"As coisas não mudam; nós é que mudamos."
– HENRY DAVID THOREAU

Crie você mesmo cinco perguntas para se fazer todas as manhãs – faça-se perguntas que lhe causem estados positivos e poderosos; e ponha-as próximo a sua cama ou de um espelho de banheiro. Toda a manhã faça-se estas cinco perguntas e proponha pelo menos duas respostas para cada uma delas. Toda vez você lhes responder, crie um sentimento. Por exemplo, digamos que uma de suas perguntas seja, "Pelo que eu me sinto excitado em minha vida?" Proponha pelo menos duas respostas diferentes e pense por que você está excitado e como isso lhe faz sentir. Sinta a resposta para as perguntas. Isto não é trabalho a mais. Lembre-se, você já está fazendo perguntas!

Nossa meta é não ignorar os problemas da vida, mas sim se colocar em estados mentais/emocionais melhores para propor soluções, e realmente enfrentar o desafio e entrar em ação.

Nós podemos usar tudo isso para que nós realmente possamos nos sentir absolutamente melhor! O segredo está em controlar o nosso estado. Como? Controlando nossa fisiologia e nosso enfoque. Assim escreva algumas novas perguntas de autorização, preste atenção às coisas nas que você enfoca, administre sua fisiologia, e se lembre de viver com paixão!

SOBRE O AUTOR

Charton Baggio Scheneider, (MBA Executivo Internacional – *Latu-Senso*), é um Treinador de Resultados, perito e autoridade nacional especializado na **Psicologia de Alta Performance** – pessoal, profissional e *"turnaround"* or-

ganizacional. Atua ainda na área da Terapia Comportamental e Hipnoterapia. Tem estabelecido esta identidade através de sua consistente habilidade em alcançar as pessoas e organizações auxiliando-as a criar constantemente resultados mensuráveis a mais de uma década – produzindo mudanças individuais e organizacionais por meio de seus trabalhos.

É Diretor, Consultor e Coordenador dos trabalhos da **CHARTON BAGGIO EMPREENDIMENTOS & ASSOCIADOS**. Que compõe uma ampla rede de conhecimento no campo da excelência humana.

Membro das seguintes associações:

- *American Association For The Advancement of Science (AAAS)*
- *American Society for Training and Development (ASTD);*
- *Associação Brasileira de Recursos Humanos (ABRH);*
- *Associacion Latinoamericana de Programacion Neurolingüistica;*
- *Creative Education Foundation;*
- *Instituto Nacional de Capacitação (INC);*
- *JCI Training Institute;*
- *Junior Chamber International (JCI); e,*
- *New York Academy of Sciences.*

Formado em **Terapia e Hipnoterapia Ericksoniana**; ao qual é certificado pelo *The Milton H. Erickson Foundation, Inc.* (Phoenix, Arizona/USA).

Possui ainda diversos cursos de especialização e atualização na área da terapia e hipnose clínica.

Sua formação inclui ainda os Títulos de **Graduação em Programação Neurolingüística** (PNL), com a titulação de *Practitioner* e *Master Practitioner*. Formado pelos seguintes centros e institutos:

- *Centro Sulbrasileiro de PNL* (Porto Alegre/RS);

- *Eastern NeuroLinguistic Programming Institute* (New Jersey/USA);

- *Primier Instituto Sud Americano de PNL* (Buenos Aires/Argentina); e pela,

- *The Society of NeuroLinguistic Programming* (San Francisco/USA).

Cursou o programa de Pensar de Alta Performance do *Braintechnologies Institute* (Colorado/USA). Especializado no **"Modelo de Comportamento Biopsicosocial do Adulto"** e em **"Diagnóstico Empresarial"** pelo *National Values Center* (Texas/USA) - sendo representante de suas tecnologias no Brasil. E, em **"Liderança e *Management"*** pelo *The Leadership Project* (Kansas City/USA).

Participou de um programa de **Transferência de Tecnologia (Desenvolvimento da Capacidade de Comportamento Empreendedor)**, promovido pela *ONU* através do *Programa das Nações Unidas para o Desenvolvimento - (PNUD)*, e pela *Agência Brasileira de Cooperação - (ABC)*, vinculada ao *Ministério das Relações Exteriores*.

Cursou o programa APG (Amana Pós-Graduação) **MBA Executivo Internacional** pela Amana-Key de São Paulo/SP.

Membro da **Câmara Júnior**, tendo já ocupado duas **Vice-Presidências** (Internacional e Administrativa).

Facilitador da *Junior Chamber International* (JCI), onde foi condecorado com o **título de melhor facilitador** do estado do Rio Grande do Sul no ano de 1998-1999.

Através de sua versatilidade em treinamentos e desenvolvimento do potencial humano, bem como de um forte sentido de respeito profissional e humano, seriedade e ética nos seus trabalhos, é considerado um íntegro e respeitado **Agente de Transformação e Mudanças** dentro das áreas **pessoal, profissional e empresarial/organizacional.**

SEMINÁRIO DE MUDANÇA PROFUNDA

Despertar, Crescer e Agir

Num Único Final de Semana

DESPERTAR CRESCER E AGIR, é o seminário de Charton Baggio Scheneider que está fundamentado sobre **criar inovações** – conseguindo fazer com que você vá além de qualquer coisa que teme para produzir uma diferença quântica em sua experiência de vida diária. Conduzido pessoalmente por Charton Baggio, em três dias você aprenderá a melhorar dramaticamente a qualidade de sua vida pessoal e profissional – **imediatamente**.

Em **DESPERTAR CRESCER E AGIR**, você não só dominará as **habilidades chaves** de comunicação das pessoas prósperas, como também suas **crenças e fisiologia** – você passará três dias praticando estas técnicas de fato e instalará estas convicções e padrões poderosos de fisiologia no nível mais profundo de seu ser. As habilidades que você aprenderá em um único final de semana transformarão sua experiência cotidiana e criarão a vida que você deseja.

Com toda certeza este é um seminário de grande impacto, onde você terá a oportunidade de gerar uma ação extraordinária para mudar a qualidade de sua vida para sempre. Alcance a vida de seus sonhos em apenas 3 dos mais extraordinários dias educativos e divertidos de sua vida. Você descobrirá como negociar consigo mesmo e derrotará qualquer coisa que possa estar bloqueando-lhe, através da utilização da força que pode mudar sua vida imediatamente, a...

...Ação volumosa e Inteligente.

ATENÇÃO: o pré-requisito é o desejo e disposição de concretizar mudanças e obter resultados mensuráveis desde já!

Veja a seguir os...

Os Três Passos de Charton Baggio Scheneider Para o Poder Pessoal

Num fim de semana você se atualizará nas 3 chaves para realizações extraordinárias:

Passo Um: O Poder Contra o Medo:

Sexta-feira • 6:30 p.m. – 3 a.m.

Aqueles que alcançaram vidas extraordinárias possuem a força fundamental da coragem – *não é o mesmo que ausência de medo* – mas a vontade para penetrar em suas limitações e agir consistentemente sobre elas. Você irá descobrir dentro de você o poder que pode mudar tudo. E no final, como a última metáfora para seu domínio recentemente emergindo, você quebrará uma tábua de uma polegada com sua mão desnuda – uma prova que se requer anos de treino em artes marciais, mas que você fará em questão de minutos! (Você não precisa fazer isto – mas com certeza você irá.) – esta será a sua demonstração do que é possível quando se supera seu sistema de crenças limitantes.

Você irá descobrir como...

- Eliminar os medos que o bloqueiam a perceber suas metas.

- Dominar a tecnologia de inovação do Condicionamento Neuro-Associativo™. Esta tecnologia de Condicionamento do Sucesso lhe dará a habilidade consistente para se condicionar mental, emocional e fisicamente para sucesso vitalício.

- Como se colocar imediatamente no ápice de seu estado emocional, físico e mental, com coragem de romper barreiras e alcançar resultados além de seus sonhos.

- Transcender suas limitações e seus medos para poder alcançar *tudo que você deseja.*

Passo Dois:
A Psicologia do Condicionamento do Sucesso®

Sábado • 9:30 a.m. – 11:30 p.m. & Domingo • 9:30 a.m. – 12 a.m.

Você descobrirá o que você quer, assim poderá parar de sofrer, fazendo do limão, uma limonada; e construirá o impulso que você precisa. Você verá como modelar estratégias comprovadas daqueles que alcançaram o que você deseja e livrar-se de anos de frustrações desnecessárias – e você tomará decisões poderosas que mudarão sua vida para sempre.

O Condicionamento do Sucesso® lhe dará as habilidades que lhe permitirão ter êxito em qualquer contexto desejado e atuar com elegância e clareza em todas as áreas de sua vida.

Você irá descobrir como...

- Desvendar o que você realmente quer da vida – o que ama, o que odeia, o que o dirige.

- Como definir especificamente suas metas desejadas para que elas sejam realizadas mais facilmente.

- Habilidade e perspicácia de se inspirar e aos outros à atuar constantemente em níveis elevados.

- A arte do *breakthrough*, através dos métodos de persuasão e influência.

- Estratégias de persuasão.

- Estratégias de amor e de relacionamentos.

- Transformar emoções de insucesso em acontecimentos neutros – imediatamente.

E mais...

Aprender a acessar estados de relaxamento profundo. Realizar mudanças em sua estrutura psicológica. Passar por jogos e processos de intensas emoções e feedback. Livrar-se de problemas emocionais através da "Terapia Secreta" – onde as pessoas podem fazer as mais profundas mudanças sem a exposição do problema ao grupo. E muito mais...

Passo Três: Inovações Para Uma Vida Plena e Vibrante

Domingo • 12 a.m. – 6 p.m.

Esta é uma síntese das pesquisas mais avançadas de cientistas mundialmente reconhecidos, nutricionistas, médicos, bioquímicos e fisiologistas. Construa a energia física que você precisa para poder aplicar tudo o que você aprendeu – de modo simples e agradável que não mudará seu estilo de vida de cabeça para baixo. Você descobrirá como ter uma vitalidade incrível! Através de uma síntese das pesquisas científicas mais avançadas, este é um programa simples que você poderá incorporar facilmente para usufruir um estilo de vida equilibrado, cheia de energia e livre de doenças.

Você irá descobrir como...

• Como fazer para incrementar dramaticamente seu nível de energia.

• Como se exercitar para ter maior resistência.

• Uma aproximação nutricional para o controle e prevenção de hipoglicemia, diabete, câncer, doenças do coração e outras doenças degenerativas.

• Desfrutar de uma energia dramaticamente elevada com menos sono.

• Reacender a paixão em suas relações físicas.

• Adquirir seu peso ideal rápido e divertidamente!

• Como combinar os alimentos para ter um maior valor nutricional.

• Descobrir estratégias nutricionais e psicológicas para sustentar seu sistema imunológico e melhorar sua saúde geral.

• Estratégias para combater o estresse, insônia e muito mais...

Agora Chegou Sua Vez!

Ao longo de seu **DESPERTAR CRESCER E AGIR** Charton o treinará pessoal e constantemente nas mesmas estratégias chaves, convicções, habilidades de comunicação e fisiologia usadas pelas pessoas mais bem-sucedidas do mundo para atingirem o seu excelente sucesso e suas realizações.

INFORMAÇÕES:

WWW.CHARTONBAGGIO.COM

www.ingramcontent.com/pod-product-compliance
Lightning Source LLC
Chambersburg PA
CBHW061226280526
45784CB00006B/2643